# MON CHAT

— Liz Palika —

ÉDITIONS
MICHEL
QUINTIN

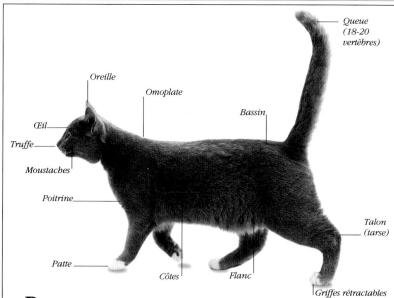

- Queue (18-20 vertèbres)
- Oreille
- Omoplate
- Bassin
- Œil
- Truffe
- Moustaches
- Poitrine
- Talon (tarse)
- Patte
- Côtes
- Flanc
- Griffes rétractables

# PRENDRE SOIN DE SON CHAT

| Sur une échelle de 1 à 5 : | 1 | 2 | 3 | 4 | 5 |
|---|---|---|---|---|---|
| **Le temps à lui consacrer** | | | | ✓ | |
| **Exercice à lui faire faire** | | | ✓ | | |
| **Jeu** | | | | ✓ | |
| **Espace dont il a besoin** | | ✓ | | | |
| **Toilettage** | | | ✓ | ✓ | ✓ |
| **Nourriture à lui donner** | | | | ✓ | |
| **Nettoyage de sa litière** | | | | ✓ | |
| **Son espérance de vie** | | | | | ✓ |
| **Convient aux enfants de 5 à 10 ans** | | ✓ | | | |
| **Convient aux enfants de 10 et plus** | | | | ✓ | |

# SOMMAIRE

# PRÉFACE

Les chats! Nous avons envers eux une attitude curieusement ambiguë, une sorte de relation amour-haine. Ce petit félin nous fascine par sa perfection esthétique : son corps et ses attitudes en font le plus sublime des animaux. Ses grands yeux attirent irrésistiblement notre regard, sa fourrure soyeuse cherche la caresse, il se déplace avec la plus grande grâce. Tout dans le chat est agilité. Il suffit d'un ronronnement, d'une petite tête qui vient se frotter contre notre jambe… Les tensions s'apaisent face à tant de beauté sereine.

Mais il y a le revers de la médaille. Il existe en Europe une croyance selon laquelle les chats seraient des subalternes du diable, fourbes et indignes de confiance. Balivernes que tout cela! Le chat est le chat, ni plus ni moins : un descendant aimable et indépendant du chat sauvage d'Afrique du Nord, une espèce qui a considéré que sa survie passait par la fréquentation des humains. Nous aimons la compagnie des chats, mais cette entente ne va pas sans malentendus. En tant que vétérinaire, mon impression est que les propriétaires de chiens considèrent qu'ils ont avec leur animal de nombreuses affinités. Il semble que nous ayons plus de difficultés avec le chat. Car, dans l'évolution de ce félin

domestique, l'ancêtre sauvage n'est pas si loin.

En d'autres termes, il demeure dans la nature du chat de penser d'abord à lui. S'il n'a pas le comportement grégaire des chiens, des oiseaux ou des lapins, il n'en manifeste pas moins une sociabilité qui est au cœur de sa relation avec les hommes. Élevé parmi nous dès sa naissance, le chat entretient des liens avec sa famille humaine. Il ne se contente pas de tolérer notre compagnie, il en a besoin.

Les chats portent en eux l'authenticité du monde naturel. Ils ouvrent une fenêtre sur une réalité qui est celle des bêtes sauvages. Ils ne sont pas fourbes, ils sont au contraire honnêtes dans l'expression de leurs sentiments et de leurs émotions. Nous leur devons quelque chose en retour : les accepter pour eux-mêmes, comme des prédateurs et non comme des humains déguisés. Nous devons respecter leurs besoins affectifs aussi bien que physiques et environnementaux, les protéger d'un univers surpeuplé et congestionné, semé de défis et de dangers artificiels. Il suffit pour cela de prendre un bon départ.

Le but de ce guide est précisément de vous donner les moyens d'établir une relation durable et affectueuse avec ce merveilleux petit félin.

Bruce Fogle, docteur vétérinaire

*Il y a toujours chez le chat domestique un peu de l'animal sauvage. Comprendre et respecter sa véritable nature permettra d'établir une meilleure relation.*

# LES FÉLINS ET LE CHAT

Les félins occupent sur la planète une grande variété de milieux : forêt de conifères, forêts tropicale et équatoriale, grande prairie, montagne, savane. Ils ne peuvent survivre que dans certaines conditions, mais l'espace permet à la plupart d'entre eux de mener la vie solitaire qu'ils affectionnent. La viande fait partie de leurs besoins essentiels, aussi une population de carnassiers dépend-elle de l'abondance du gibier et d'un vaste territoire où le chasser. Enfin, il faut aux félins un refuge pour élever leurs petits et un environnement respectant les équilibres vitaux.

Les fauves et les chats partagent des points communs. Généralement, leur corps est plus long que haut, muni d'une queue qui leur sert de balancier et de pattes aux griffes rétractiles. Ainsi, le chat qui ronronne au pied du lit, la panthère africaine dormant dans son arbre et le puma d'Amérique du Nord allongé sur ses rochers se ressemblent beaucoup.

Exclusivement carnivores, les félins chassent leurs proies, différentes selon l'environnement. Ce sont rarement des charognards, contrairement au chien sauvage (ou domestique), qui ira volontiers piller la pitance d'un autre animal, voler une carcasse entamée ou fouiller dans les déchets. Les chats domestiques paraissent imiter le comportement des fauves à la recherche de viande fraîche : ils n'aiment pas toucher, et encore moins manger, la nourriture de la veille. Il pourrait s'agir d'une stratégie de survie ; un chat ne mangeant que de la nourriture fraîche court moins de risques d'être intoxiqué.

Le petit félin reproduit d'autres attitudes de ses cousins sauvages. Même si sa nourriture lui est servie à heure fixe, il voudra aussi la chasser. Il avancera à pas comptés, se mettra à l'affût à l'angle du couloir, se tapira à l'approche de sa gamelle et bondira dessus. De même, en jouant, le chat imite les comportements de chasse.

## LA DOMESTICATION DU CHAT

Le chat s'est toujours révélé utile aux humains, mais d'une façon très particulière. Plutôt que de lui apprendre à nous rendre service, comme nous l'avons fait avec le chien et le cheval, nous avons domestiqué le chat pour qu'il fasse ce qu'il a toujours fait : chasser les rongeurs. Ces animaux nuisibles corrompent la nourriture, s'attaquent aux récoltes, véhiculent des parasites et des maladies. En éliminant ce fléau, le chat s'est rendu indispensable.

Les anciens Égyptiens vénéraient le chat. Identifié à un dieu, il devait être protégé, choyé et adoré. Lorsqu'un personnage important mourait, il était enterré avec ses chats. Par des bouches d'aération et des passages secrets aménagés dans les tombes, les chats parvenaient parfois à sortir à l'air libre, signe que l'âme du défunt s'était elle-même échappée et avait atteint le royaume des morts.

Mais l'amour que les Égyptiens portaient au chat ne s'est pas transmis aux autres civilisations. Ailleurs, notamment dans l'Europe du Moyen Âge, le petit félin, associé à la sorcellerie ou censé porter malheur, était tué à vue. Incompréhension funeste, car la diminution des chats permit aux rats de se multiplier, et les rongeurs apportèrent la peste qui ravagea une grande partie de l'Europe et du Moyen-Orient.

Heureusement pour nous, les chats sont redevenus des animaux de compagnie. La recherche médicale a confirmé ce que nous savions depuis longtemps : les chats nous font du bien! Les heureux possesseurs de chats sont moins soumis au stress, ont moins de tension artérielle et récupèrent mieux après une blessure ou une maladie que les personnes qui n'en ont pas. Quel hommage au petit félin!

Leurs propriétaires ne croient pas que les chats n'ont pas besoin de nous. Ils savent qu'il faut au contraire leur manifester autant d'affection et d'attentions qu'à tout autre animal de compagnie. Mais les chats manifestent une indépendance qui fait notre admiration, ils sont affectueux sans être sentimentaux. Enfin, la grâce qui les habite, le mystère qui les entoure nous fascinent. Quel émoi en effet d'avoir un petit tigre sur son canapé, qui peut le nier?

# LES OBJETS INDISPENSABLES

Avez-vous l'intention d'agrandir le cercle de famille en adoptant un chat? Avant d'accueillir le petit félin, il faut faire quelques emplettes. Sans se lancer dans ces centaines d'achats que d'aucuns jugent nécessaires, voici quelques articles de base.

## LES ÉCUELLES

L'assiette à croquettes ou à pâtée et le bol d'eau fraîche doivent être faciles à nettoyer : c'est le cas de l'Inox et de la céramique. Évitez le plastique, qui, après un contact répété, peut provoquer des irritations au menton.

*Écuelle en céramique*

*Écuelle en Inox*

## LA TROUSSE DE TOILETTE

Si le chat a le poil court, il faut un peigne métallique, une brosse douce, une carde et un coupe-griffes. Pour un chat à poil long, vous aurez besoin d'un peigne métallique, d'une brosse douce, d'une carde et d'un démêloir.

*Peigne*　　*Carde*　　*Brosse*

## LA CAISSE ET SES ACCESSOIRES

Il faut une caisse, de la litière et une pelle. Il existe de nombreux modèles de caisse. Choisissez-en un adapté à la taille du chat et qui soit d'un entretien facile. Quant à la litière, elle ne devra pas dégager de poussière, et ne sera pas trop parfumée (lire les informations portées sur les emballages). Enfin, attribuez un emplacement à la caisse avant l'arrivée de votre chat.

*Sac à litière*

*Pelle*

## LA BOÎTE

La boîte qui servira à transporter votre chat doit être solide. Le plastique convient, de même que les paniers d'osier. Les modèles sont nombreux ; retenez-en un qui soit spacieux, sûr pour l'animal et facile à manipuler.

### LE GRIFFOIR

Il faut apprendre au chat à faire ses griffes sur un accessoire tel que le griffoir ou l'arbre à chat plutôt que sur le mobilier : choisissez donc un modèle qui ne sera pas gênant à l'intérieur. Les griffoirs sont le plus souvent revêtus de sisal et portés par une structure de couleur. Attention : le poteau doit être assez haut pour que le chat puisse s'étirer en faisant ses griffes.

## POUR EN SAVOIR PLUS

Bien que le chat soit un animal de compagnie depuis des millénaires, il n'est pas toujours facile d'en élever un. Mais il existe une abondante littérature sur le sujet, que vous trouverez en librairie, dans un rayon spécialisé, dans une animalerie ou en bibliothèque. Un guide ou deux rendront des services. Enfin, le vétérinaire répondra à toutes les questions que vous vous posez sur la santé et les soins du petit félin.

# JOUER EN TOUTE SÉCURITÉ

Le thème du jeu sera développé dans un autre chapitre, à la fois pour que le chat prenne de l'exercice et pour renforcer la relation que vous avez avec lui. À cet effet, prévoyez quelques jouets au moment des achats préliminaires.

### JOUET INTERACTIF

Ce type de jouet se compose d'une baguette à laquelle un objet est relié par une ficelle : une balle, des plumes, un petit morceau de fourrure. Il s'agit de jouets interactifs, car le chat ne s'amuse avec eux que si on les anime.

### BALLE PRISONNIÈRE

Il s'agit d'un jouet arrondi, en forme de petite corbeille au centre de laquelle est enfermée une balle ; le chat peut la voir par des ouvertures et la pousser avec sa patte. La balle (que vous pouvez remplir d'herbe à chat lorsqu'elle est creuse) se met alors à rouler à l'intérieur de sa structure. Ce jouet peut être laissé à l'animal, mais risque de l'ennuyer au bout d'un certain temps. Un objet que vous animez d'un mouvement imprévisible aura beaucoup plus d'intérêt pour lui.

### SOURIS

Les chats sont attirés par les souris, et c'est avec une souris couverte de fourrure que l'animal préférera jouer. Les animaleries proposent toutes sortes de ces souris, y compris des modèles téléguidés, contenant de l'herbe à chat, par exemple. Malgré une ressemblance trompeuse, le petit félin ne se laisse pas prendre, ce qui ne l'empêche pas de s'amuser avec sa souris.

# L'HERBE À CHAT

Cette appellation regroupe deux variétés : une graminée et une plante de la même famille que la menthe. La plupart des chats (mais pas tous) ont une grande attirance pour les feuilles sèches et les fleurs de la plante. L'animal se roule dedans, bondit dessus, la mange, en résumé fait n'importe quoi en présence d'herbe à chat. Certains jouets en contiennent, mais vous pouvez l'acheter séparément. Parsemée sur son griffoir ou sur le sisal de son arbre, elle l'attirera davantage que le canapé ou les tapis.

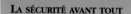

### LA SÉCURITÉ AVANT TOUT

Les jouets distraient l'animal et la personne qui s'occupe de lui, mais veillez à ce qu'ils soient sûrs.

○ N'achetez jamais de jouets agrémentés d'éléments métalliques amovibles qui pourraient être avalés.

○ Assurez-vous que le jouet ne comporte pas de petites pièces que le chat pourrait arracher, mâcher ou avaler.

○ Écartez les jouets aux angles vifs ou découpés.

○ Si le chat mâche le jouet, veillez à ce qu'il soit fabriqué dans un matériau sûr.

○ Pensez à la manière dont l'animal va se servir du jouet. Est-ce en toute sécurité?

○ Certains jouets sont sûrs lorsque vous jouez avec votre chat, mais non lorsque l'animal est seul. C'est le cas des jouets à plumes. N'oubliez pas de les ranger si vous vous absentez.

# LES RISQUES DOMESTIQUES

L'insatiable curiosité des chats et des chatons leur fait parfois courir des risques, et le nouvel arrivant ne dérogera pas à la règle. Vous pourrez laisser libre cours à ses explorations domestiques à condition de vous être auparavant assuré qu'elles sont sans danger.

La sécurité veut tout d'abord que vous ayez veillé à la bonne fermeture des portes et fenêtres. Si, d'aventure, le chat ou le chaton passe par un entrebâillement et se retrouve dans la rue dès les premiers jours de son arrivée, alors qu'il n'a encore aucun repère, il risque de se perdre. Une chute peut aussi le tuer, et l'on ne reprendra pas le mythe selon lequel un chat tombé du dixième étage se relève indemne. En examinant la maison, essayez de vous mettre à la place du chat. Ce qui implique de fermer la cheminée, de rechercher toutes les failles des ouvertures, dessous de portes, balcons, y compris à la cave et au grenier.

Dans la cuisine, rangez dans un placard fermé tous les produits d'entretien, notamment le décapant et la soude caustique. Il sera également utile de retirer des étagères et des plans de travail tout objet fragile ou dangereux. Vous pouvez apprendre au chat à se tenir à l'écart de ces éléments de rangement mais, à son arrivée, il ignorera tout des usages. Dans le séjour, mettez hors de portée – du moins pour un temps – les collections et les bibelots. Il faudra encore

*Les sacs-poubelle sont pleins de dangers pour le chat. Il faut garder les déchets dans une poubelle métallique fermée.*

*Oui, les chats mâchent les plantes. Pour les protéger tout en assurant leur sécurité, laissez les pots hors de leur portée.*

dissimuler les fils électriques de même que les fils du téléphone, et protéger les prises électriques non utilisées.
Les médicaments, vitamines et autres produits pharmaceutiques doivent rester inaccessibles. Il en va de même pour le matériel artisanal ou de couture (bobines de fil, ficelles, pelotes de laine…), que le chat pourrait tenter d'avaler ou dans lequel il pourrait s'entortiller. Enfermez également les matières dangereuses (peintures, colles, résines…).

Quant aux plantes d'intérieur, elles sont parfois toxiques pour le chat. C'est le cas du lierre et du philodendron ainsi que de nombreuses plantes à bulbe (jonquilles, narcisses, tulipes et lis). Mais le problème peut être d'un autre ordre. Certains chats, sans même s'attaquer aux plantes, prennent la terre des pots pour leur caisse. Si possible, installez ces pots en hauteur, ou bien couvrez le terreau de papier d'aluminium froissé ou de gros galets avant l'apprentissage de la propreté.

# L'ARRIVÉE

Il vaut mieux accueillir le chat ou le chaton lorsque vous avez du temps à lui consacrer, par exemple un vendredi soir si vous passez le week-end à la maison. Ce sera le moment idéal pour lier connaissance et habituer le petit félin à son nouvel environnement en restant auprès de lui, si possible dans la même pièce.

Il faut transporter l'animal dans sa boîte et veiller à ce que chaque membre de la famille résiste à la tentation de l'ouvrir en chemin, car le chat apeuré est une arme redoutable en voiture! Même s'il miaule, laissez-le enfermé jusqu'à l'arrivée et ne le relâchez qu'après avoir bien fermé portes et fenêtres.

Le petit animal ne doit pas être caressé de force. Les chats ont un sens très aigu du danger (ce que l'on appelle l'instinct de fuite) et, si le nouveau venu ne se sent pas rassuré, il peut se débattre pour s'échapper. Contentez-vous donc de poser la boîte par terre et de l'ouvrir en restant assis à côté. Le chat sortira de lui-même et partira en reconnaissance.

S'il se rapproche, caressez-le légèrement et parlez-lui tout doucement, sans

### DEDANS OU DEHORS?

La question de savoir si vous devez laisser sortir votre chat ou non est essentielle. Bien sûr, si vous vivez en appartement, elle ne se pose pas! Pesez le pour et le contre.

Le monde extérieur est rempli de dangers pour un jeune félin : chats sauvages, chiens féroces, voitures… Mais que de sollicitations et d'occasions de jouer! Un chat qui peut sortir passera des heures à se tenir en embuscade dans le jardin ou à faire la sieste au soleil.

Un chat qui n'a pas le droit de sortir ne s'en portera pas plus mal s'il y a été habitué tout petit. L'exploration de la maison et ses jouets suffiront amplement à son bonheur. Toutefois, un chat qui aurait eu l'habitude de sortir et en serait soudain privé (à la suite d'un déménagement par exemple) risquerait d'en souffrir au point de devenir déprimé.

Vous devez donc choisir une formule une fois pour toute, en tenant compte d'un certain nombre de critères.
– Si vous risquez de déménager pour un appartement, ne donnez pas à votre chat l'habitude de sortir.
– L'environnement dans lequel votre chat va évoluer vous paraît-il relativement sûr? Y a-t-il une route à proximité?
– Votre chat vous semble-t-il souvent agité ou est-il plutôt calme?
– Si c'est un chat à poil long, accepterez-vous de consacrer plus de temps à son entretien?
Autant de questions à se poser avant de prendre une décision.

vouloir l'attraper à tout prix. Et, s'il vient se lover entre vos jambes après sa première exploration, vous aurez la fierté de vous sentir déjà reconnu!

Les autres membres de la famille devront se plier à cette règle pendant plusieurs semaines – oui, autant que cela! S'il s'agit d'un chaton, il s'accoutumera très vite et viendra se jucher sur les épaules ou se nicher sur les genoux en demandant des caresses. Mais, si c'est un jeune chat ou un adulte, il faudra lui laisser le temps de se lier. À ce stade, l'attitude la plus mauvaise serait de forcer la relation.

# TOUT SUR LES CAISSES

## LE BAC

Lorsque vous vous mettrez en quête d'une caisse pour votre chat, le choix de modèles vous donnera le vertige. Certaines caisses sont de simples bacs en plastique. Si l'animal est timide ou tient à son intimité, retenez plutôt un modèle couvert. Vous trouverez aussi des caisses autonettoyantes, manuelles ou automatiques, avec un râteau qui évacue la litière dans un récipient. Ou encore des modèles munis de tamis sous la litière, dans lesquels on prélève les parties solides que l'on jette tout en récupérant la litière propre.

L'expérience montre que les modèles les plus simples sont les plus efficaces et, surtout, d'un entretien facile, ce qui est essentiel pour le chat et pour la personne qui s'occupe de lui. On recommandera donc les simples bacs rectangulaires en plastique.

## LA LITIÈRE

La première litière proposée dans le commerce était une litière d'argile. Elle rencontre toujours beaucoup de succès. La litière d'argile absorbe l'humidité et les odeurs. Mais elle se projette parfois facilement à l'extérieur, ou présente un aspect poussiéreux. La caisse doit être débarrassée tous les jours des excréments et nettoyée régulièrement (au moins une fois par semaine pour un chat, plus souvent encore avec plusieurs animaux); et la litière doit être triée ou renouvelée.

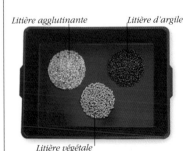

*Litière agglutinante*   *Litière d'argile*

*Litière végétale*

Les litières «agglutinantes» forment au contact des excréments des paquets qu'il suffit de jeter au fur et à mesure, plusieurs fois par jour. Ce matériau, souvent très fin, risque d'être projeté en dehors du bac. Et, si un chat a été habitué à la litière d'argile, il peut refuser d'utiliser la nouvelle litière, qu'il ne reconnaît pas. Il existe aussi des litières naturelles à base de maïs séché et broyé, de papier recyclé ou encore de sciure. Comparez les avantages et les inconvénients de chaque variété en lisant attentivement la composition et le mode d'emploi. La litière est-elle garantie sans poussière ? Est-elle parfumée ? Dans ce cas, le nez délicat du chat supportera-t-il l'odeur ?

## L'EMPLACEMENT IDÉAL

Il faut si possible déterminer un emplacement définitif pour la caisse avant l'arrivée du chat. Le bac doit être facilement accessible à l'animal, mais aussi à la personne chargée de le nettoyer et de renouveler la litière, tout en restant à l'écart des activités familiales. Si l'on s'agite trop à proximité, le chat peut hésiter à se servir de sa caisse : les petits félins ont parfois besoin d'intimité ! Une fois que l'animal est habitué à un emplacement, il peut être difficile d'en changer, et le chat, cherchant sa caisse à l'endroit convenu, pourra s'y soulager comme si elle était encore là.

## NOMBRE DE BACS

Si vous ne possédez qu'un chat et un intérieur de surface moyenne, une seule caisse conviendra. En revanche, dans une grande maison ou un appartement de deux étages, vous pouvez envisager d'installer deux bacs en deux points éloignés ou chacun à un étage.

Si l'espace est partagé par plusieurs chats, il y a peut-être lieu d'installer davantage de bacs, car les chats n'aiment pas toujours partager une caisse. Certains allouent un bac à chaque animal, ce qui peut paraître excessif. En réalité, ce n'est pas une si mauvaise idée car, si un chat a des problèmes de santé, il sera beaucoup plus facile de s'en apercevoir s'il a une caisse attitrée.

# L'APPRENTISSAGE DE LA CAISSE

À l'arrivée du chat ou du chaton à la maison, installez-le sans attendre dans sa caisse. Mais ne vous étonnez pas si le petit animal en sort aussitôt. Qu'importe, remettez-le une demi-heure après, puis toutes les demi-heures jusqu'à ce qu'il apprenne à s'en servir. Les jours suivants, il faudra conduire le chat à sa caisse dès le matin, le soir avant le coucher, après les repas, enfin de temps en temps au cours de la journée.

Dès que le chat se soulagera dans la caisse, félicitez-le (très doucement) par un «très bien, Minou!» Et, lorsqu'il quittera son bac, caressez-le en renouvelant votre approbation d'un ton plus chaleureux.

Si vous constatez que le chat commence à aller de lui-même dans sa caisse, accompagnez-le moins souvent. Avec la plupart des chats, cet apprentissage se fait sans difficulté. Mais un sujet adulte aura besoin de repérer l'emplacement du bac après avoir exploré toute la maison. Si c'est un chaton, il faudra le conduire à sa caisse plusieurs fois par jour. Ce renforcement de l'apprentissage ne peut être que bénéfique.

# LA PROPRETÉ AVANT TOUT

En matière de caisse à chat, l'élément primordial est la propreté! Même s'il s'agit d'une des tâches domestiques les moins volontiers accomplies, c'est sans conteste la plus importante. Les chats qui se soulagent n'importe où le font la plupart du temps parce que leur litière n'a pas été changée. L'entretien de la caisse demeure plus facile qu'un nouvel apprentissage de la propreté si le chat refuse d'utiliser un bac sale.

Pour un seul chat, le bac doit être débarrassé des excréments au moins une fois par jour. Si vous possédez deux animaux, enlevez les excréments au moins deux fois par jour. Les litières en argile, maïs ou papier recyclé doivent être entièrement renouvelées une fois par semaine, la litière étant jetée dans un sac-poubelle hermétiquement fermé. Certaines litières agglutinantes sont de longue durée à condition de les débarrasser des excréments et de les remettre régulièrement à niveau. Mais, dans ce domaine, fiez-vous surtout à votre nez : si le bac devient malodorant pour un humain, qu'en sera-t-il pour le chat! Il est donc important de changer la litière et de nettoyer le bac!

### SI C'EST EFFICACE : NE RIEN CHANGER

Les chats ont leurs rituels; ils n'aiment pas le changement. Une fois que vous aurez installé la caisse, le mieux est de ne rien changer. Il est inutile d'innover en achetant un modèle plus moderne. Le chat n'a pas ces préoccupations, et il pourrait bouder la nouvelle acquisition. Le statu quo est ici la meilleure politique à suivre.

De nombreux chats se montrent assez difficiles en ce qui concerne leur caisse et son emplacement. L'essentiel est d'éviter les accidents de propreté car, une fois que l'animal a décidé de ne plus utiliser son bac, un nouvel apprentissage risque de poser de sérieux problèmes. Il vaut mieux rechercher ce qui convient au chat et s'en tenir là. On ne badine pas avec la caisse!

# LA NUTRITION FÉLINE

Comme les fauves, le chat domestique est carnassier. La proie chassée doit subvenir à tous les besoins nutritifs. Pour cette raison, les grands félins dévorent non seulement les muscles mais aussi la majeure partie de la carcasse et des viscères, sauf les plus gros os, la fourrure épaisse, les sabots ou les griffes. Cette variété nutritionnelle assure la bonne santé de l'animal.

Le chat domestique n'a plus besoin de chasser pour se nourrir, mais les produits commerciaux que vous lui proposez doivent contenir tous les nutriments nécessaires. Un régime alimentaire équilibré comprend certains éléments essentiels : si l'un d'eux manque, la santé de l'animal en pâtira.

❍ Les **vitamines** sont des composés organiques qui influent sur le métabolisme, la croissance, la reproduction et d'autres processus physiologiques. La nourriture du chat en contient naturellement, et on en ajoute dans les aliments commerciaux.

❍ Les **minéraux** sont des composés inorganiques dont l'effet se conjugue avec celui des autres minéraux, des vitamines, des acides aminés ou des enzymes.

❍ Les **acides aminés** jouent un rôle essentiel dans la croissance et la régénération, ainsi que dans d'autres fonctions métaboliques. Ce sont des composants protéiques qui, à ce titre, contribuent à l'assimilation des protéines.

## QU'EST-CE QUE LA TAURINE ?

La taurine est un acide aminé qui agit au niveau des cellules ayant une activité électrique (cerveau et cœur, par exemple) comme stabilisateur des membranes cellulaires. En facilitant l'assimilation et l'élimination des minéraux (magnésium, calcium et sodium notamment), elle concourt à la production de l'influx nerveux. On prescrit la taurine dans les atteintes spasmodiques, les maladies cardio-vasculaires et en cas de fort cholestérol.

Il y a quelques années, les vétérinaires observaient chez les chats des maladies souvent liées à un manque de taurine dans les aliments industriels. À l'époque, la taurine était ajoutée dans ces produits mais, pour une raison inconnue, elle n'était pas assimilée par les chats.

Actuellement, ces aliments contiennent de la taurine sous une forme plus facilement assimilable. On constate peu de carences et, si un cas se présente, il est généralement dû à une autre affection, et non à la nourriture pour chats.

○ Les **protides** peuvent être complets ou incomplets. Les premiers comprennent tous les acides aminés nécessaires ; on les trouve dans la viande rouge, le poisson, les laitages et les œufs. Les protides incomplets, également sains, manquent de certains acides aminés ; en contiennent notamment les haricots, les noix et les céréales.

○ Les **enzymes** sont des substances protéiques agissant au niveau des cellules. Elles sont responsables de réactions biochimiques qui affectent le métabolisme. La plupart agissent en présence d'une coenzyme, le plus souvent une vitamine.

○ Les **lipides**, ou matières grasses, permettent le métabolisme des vitamines liposolubles D, E et K. Les graisses sont également une source énergétique.

○ Les **glucides** sont les sucres et les amidons utilisés par le chat comme source d'énergie. Les sucres lents (céréales, riz, pommes de terre, pâtes) sont formés de molécules complexes de glucose.

Les produits alimentaires industriels pour chats dits «complets et équilibrés» contiennent tous les nutriments nécessaires à l'animal. Pour autant, ces produits ne se valent pas tous, et il est indispensable d'en lire attentivement la composition. Quel pourcentage de protides contiennent-ils ? Et de matières grasses ? Quel est l'ingrédient le plus important en quantité ? Cela doit être la viande, car, ne l'oublions pas, le chat est carnivore.

Gardez à l'esprit que, dans le domaine de la nourriture pour chats, la qualité se paie. Si vous achetez des croquettes très bon marché, l'alimentation du chat restera pauvre et, dans ce cas, sa croissance et sa santé s'en ressentiront : son poil sera terne et sec, il pourra avoir des démangeaisons, il manquera d'énergie. Au contraire, les aliments les plus chers contiennent des ingrédients de meilleure qualité et plus digestes. Vous pouvez donc diminuer les rations, parce que le chat assimile mieux. Au bout du compte, vous réalisez des économies. Le résultat se voit dans la litière : les aliments bon marché, qui contiennent des produits gonflants non nutritifs, produisent davantage de déchets.

# CROQUETTES OU PÂTÉE ?

Les aliments pour chats se présentent sous deux formes : secs ou en boîte. Les aliments secs sont habituellement à base de céréales, de viandes et de légumes, le tout déshydraté. Leur prix est très inférieur à celui de la pâtée ; ils se conservent longtemps et leur action sur la denture des chats diminue le tartre. Ce mode d'alimentation est très bien accepté.

Les aliments en boîte, à base de viandes, peuvent comporter ou non des ingrédients supplémentaires. Ce type de nourriture est très humide, avec un taux avoisinant 80 %. Pour obtenir une quantité d'éléments nutritifs égale à celle que contiennent les croquettes, il faut en donner bien davantage. Le moelleux de ces aliments n'a pas d'action nettoyante sur les dents, et contribue au contraire à les entartrer. La plupart des chats se montrent très friands des pâtées ; leur consistance et leur contenu élevé en viande ont de quoi les séduire.

Un régime alimentaire fondé sur des croquettes, avec un peu de pâtée proposée dans une autre écuelle, satisfait en général et le chat et la personne qui s'occupe de lui. Si la nourriture en boîte apporte une certaine quantité d'eau, cela ne dispense en aucun cas de pourvoir le chat en eau fraîche à boire.

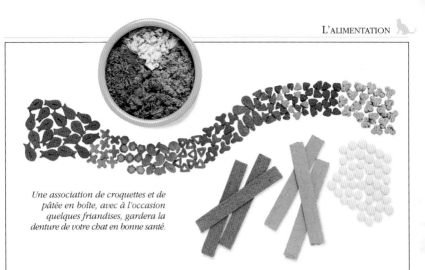

*Une association de croquettes et de pâtée en boîte, avec à l'occasion quelques friandises, gardera la denture de votre chat en bonne santé.*

## OÙ, QUAND ET COMMENT LE NOURRIR ?

Nombre de propriétaires de chats laissent à leur animal une écuelle pleine de nourriture où il vient grignoter à sa guise. Si vous ne possédez qu'un chat et que vous savez évaluer la quantité de nourriture donnée chaque jour, tout va bien. Avec plusieurs chats, les choses prennent une tournure différente. Si l'un d'eux tombe malade, le vétérinaire ne manquera pas de demander s'il mange bien. Comment le saurez-vous? De plus, certains chats surveillent l'écuelle et interdisent à un chat plus petit ou subordonné de s'en approcher. La solution consiste à allouer à chaque animal son écuelle, que vous garnissez deux fois par jour. Lorsque le félin a terminé son repas, enlevez l'assiette (ne laissez jamais attendre plus de quinze minutes un reste de pâtée, qui se gâte vite).

Un régime de deux repas par jour convient à la plupart des chats. L'écuelle sera placée dans un endroit calme, isolé de l'activité et des bruits ambiants, faute de quoi le chat pourrait la bouder ou s'alimenter insuffisamment. Il faut toujours présenter la nourriture au même endroit.

Tous les emballages d'aliments pour chats portent des informations sur les quantités à donner. Il ne s'agit que d'estimations, car l'appétit des chats est très variable. Si vous fournissez la ration indiquée et que l'animal ne cesse de réclamer, donnez-lui davantage. Si au contraire il s'arrondit, diminuez la ration. En fin de compte, tout dépend de l'âge de l'animal, de son métabolisme et de son activité.

# LES ÉCARTS DE RÉGIME

## PEUT-IL MANGER COMME UN HUMAIN ?

Les aliments pour chats sont conçus pour ces animaux. De fait, le chat à qui vous donnez une nourriture adaptée de qualité supérieure suit probablement un meilleur régime que les humains qui l'entourent! Si vous comptez proposer à votre chat de la nourriture pour humains, il faut savoir que tout écart de régime peut entraîner un déséquilibre chez l'animal. Par exemple, si le chat prend habituellement un aliment équilibré en calcium et que vous lui apportez un supplément riche en phosphore, cela peut inhiber chez lui l'assimilation du calcium. S'ensuivraient des problèmes de santé tels que le rachitisme, une croissance ralentie ou une mauvaise réparation cellulaire.

Les chats sont également plus malins qu'on ne le croit en général, et si vous prenez l'habitude de donner à votre petit félin des aliments pour humains, il peut décider d'adopter ce régime et de renoncer à la nourriture pour chats. Vous risquez alors de vous retrouver avec un animal gâté, au comportement troublé. Il montera sur la table pendant les repas et viendra grappiller dans les assiettes. Il rôdera sur les plans de travail et se glissera dans les placards. Avec son intelligence et ses performances athlétiques, le chat résolu à adopter le régime humain deviendra vite incontrôlable!

### LES CHATS ADORENT LE THON

Les chats adorent le thon. Mais n'en donnez qu'en petite quantité à votre animal, et seulement comme un extra. Vétérinaires et chercheurs ont découvert que ce poisson pouvait provoquer une accoutumance chez certains chats, qui peuvent se laisser mourir de faim s'ils n'obtiennent pas la nourriture qu'ils désirent. C'est pourquoi on trouve si souvent des aliments pour chats au thon. En lisant attentivement sa composition, vous vous apercevrez même qu'un produit annoncé «au bœuf et au riz» peut également inclure du thon (ou simplement du poisson).

Tout régime fondé sur un aliment particulier ne sera pas assez nutritif. Si le chat se révèle «accro» au thon, lisez soigneusement la composition de sa nourriture pour éviter qu'elle n'en contienne.

## LES FRIANDISES

Les extras sont pour le chat comme des bonbons ; ils doivent rester exceptionnels. Tout comme dans l'alimentation humaine, ces friandises ne doivent pas perturber le régime habituel. Celles qui sont proposées dans le commerce, très caloriques, contiennent souvent beaucoup de sucre, de sel et d'additifs. Offertes en excès, elles risquent de déséquilibrer la valeur nutritive de l'alimentation quotidienne. Vous pouvez toutefois les utiliser pour l'éducation, et ce sera l'objet d'un chapitre ultérieur. La friandise peut également servir à faciliter l'administration d'un médicament au chat.

## APPORTS NUTRITIFS

Ces éléments sont des adjuvants au régime habituel. Il peut s'agir de vitamines ou de minéraux, d'un peu de pâtée ajoutée aux croquettes ou de yaourt. Les aliments pour chats de qualité supérieure sont complets et équilibrés, et tout apport donné en excès risque de rompre l'équilibre diététique. Mais tous les chats n'ont pas les mêmes besoins nutritifs, aussi des suppléments offerts en quantité mesurée ne devraient-ils pas avoir d'incidence sur la santé de l'animal. En voici quelques-uns :

○ **Vitamines et minéraux.** Ce supplément doit comprendre tous les minéraux et vitamines, y compris le calcium et le zinc.
○ **Yaourt.** Une cuillerée à café par jour fournira des acides aminés et combattra les flatulences. Les levures actives du yaourt sont bénéfiques pour le système digestif.
○ **Levure de bière.** La levure de bière, souvent recommandée pour prévenir l'infestation par les puces, semble peu efficace. Mais c'est un excellent aliment en soi.
○ **Bouillon de poule.** Cette préparation peut agrémenter un régime à base de croquettes, et a de plus des qualités nutritives.

# UN PEU DE VERDURE

Lorsque la grisaille des mauvais jours frappe à la mi-novembre et que vous pensez soudain à une bonne salade verte croquante, c'est sans doute parce que cette envie correspond à un besoin physiologique de verdure. Les chats ont souvent de ces envies, pour la même raison.

Les chats autorisés à sortir iront au jardin grignoter des herbes, mais il faudra en fournir aux animaux d'intérieur. Vous trouverez dans les animaleries ou chez les fleuristes des graines d'herbes que vous pourrez cultiver pour votre chat. Plantées dans du terreau humide celles-ci germent très vite. Lorsque les pousses ont atteint quelques centimètres, il faut régulièrement les couper aux ciseaux et les offrir au chat, qui s'en régalera certainement. Vous pouvez aussi poser le pot au sol et laisser le chat brouter comme un mouton. Entretenir plusieurs potées permet d'avoir toujours des tiges fraîches. Il vaut mieux ne pas laisser l'herbe en permanence à portée du chat, qui aura tôt fait de la déraciner ou qui en abusera et souffrira de maux d'estomac.

Vous pouvez aussi prélever dans le jardin une bonne poignée d'herbes choisies, en s'assurant qu'elles sont cultivées sans pesticide ni engrais chimique, et l'offrir au chat.

### L'HERBE À CHAT

L'herbe à chat appartient à la famille des menthes cultivées. Certains chats l'apprécient au point d'être prêts à tout pour s'en procurer : ils ouvriront les placards, gratteront

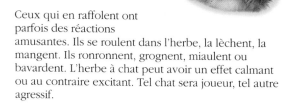

les sacs et miauleront de façon si pathétique qu'ils obtiendront ce qu'ils demandent. Mais d'autres chats se montrent indifférents à la plante, qui semble rester sans effet sur eux.

Ceux qui en raffolent ont parfois des réactions amusantes. Ils se roulent dans l'herbe, la lèchent, la mangent. Ils ronronnent, grognent, miaulent ou bavardent. L'herbe à chat peut avoir un effet calmant ou au contraire excitant. Tel chat sera joueur, tel autre agressif.

Si vous observez une réaction positive à l'herbe à chat, vous pouvez acheter les feuilles sèches en animalerie et en parsemer les jouets de l'animal ou son griffoir. Cette plante se cultive également en pot ou en pleine terre mais, dans ce dernier cas, ne vous étonnez pas si tous les chats du voisinage viennent visiter le jardin! N'offrez alors qu'une feuille ou une fleur à la fois, car de nombreux chats réagissent plus fortement à l'herbe fraîche qu'à la plante séchée.

L'herbe à chat est absolument inoffensive. Mais, comme il en est de toute friandise, l'effet s'émousse si vous en abusez. Pour que l'animal en tire le maximum de plaisir, offrez-lui l'herbe qu'une ou deux fois par semaine. De même pour les jouets parfumés : ils perdront de leur attrait si le chat peut en disposer en permanence. Rangez donc ces objets après la récréation de l'animal, qui les retrouvera avec un plaisir renouvelé.

*L'herbe à chat est facile à cultiver, en pot ou en pleine terre.*

# L'APPRENTISSAGE

La plupart des propriétaires de chats réagissent avec surprise à l'idée que l'on puisse apprendre quoi que ce soit à leur animal. «Dresser un chat? C'est lui qui me dresse, oui!» Il y a du vrai dans ce constat. Le chat est un animal intelligent (plus que vous ne le pensez), qui sait très bien obtenir ce qu'il veut. Mais il est aussi accessible à un apprentissage qui n'est pas si difficile à mener.

Enseigner un certain nombre de choses à son chat peut faciliter la vie avec lui, le protéger et créer une relation plus amusante. Par exemple, il peut répondre à son nom, savoir ce qu'il a le droit de faire et connaître les endroits qui lui sont interdits, apprendre à faire ses griffes sur son griffoir et non sur le mobilier, à entrer dans sa boîte de transport, voire à se promener au bout d'une laisse. Vous pouvez encore lui faire exécuter certains tours si chacun – le chat et son maître – y met du sien.

On ne peut dresser un chat de force. Si vous utilisez avec lui des méthodes contraignantes ou autoritaires, l'animal prendra peur et perdra confiance. En revanche, la technique du renforcement positif est efficace. Ce système consiste à récompenser le chat pour sa coopération. Par exemple, si le petit félin aime que vous le grattiez entre les oreilles, cette caresse sera un renforcement positif. Une souris en fourrure, des friandises, des félicitations auront la même fonction.

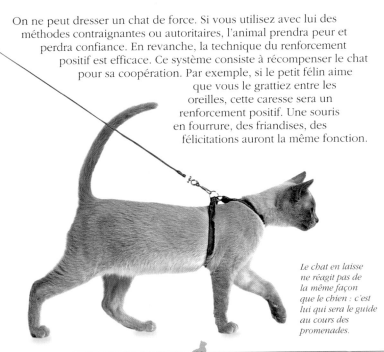

*Le chat en laisse ne réagit pas de la même façon que le chien : c'est lui qui sera le guide au cours des promenades.*

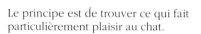

Le principe est de trouver ce qui fait particulièrement plaisir au chat.

Quand vous avez obtenu un résultat, félicitez le chat («bien, Minou, bravo!») et offrez-lui une friandise ou un jouet tout en continuant à le féliciter. Si, par exemple, vous voulez lui apprendre à répondre à son nom, montrez-lui un jouet ou une friandise. Approchez ensuite l'objet pour qu'il puisse le voir et le sentir, tout en appelant le chat par son nom sur un ton enjoué. Puis reculez de quelques pas, l'objet à la main, en disant : «Viens, Minou, viens!» Si le chat s'approche, félicitez-le et offrez-lui la récompense. Ne répétez l'opération que deux ou trois fois de suite, car les chats se lassent facilement. Vous pouvez reprendre la séance quelques heures après, en augmentant petit à petit la distance à laquelle vous appelez l'animal.

Il est aussi possible d'utiliser la récompense comme un leurre. Ainsi, pour que le chat entre dans sa boîte de transport, ouvrez la grille et posez la friandise à l'intérieur en disant : «Entre, Minou, bon chat!» Une fois qu'il aura pris l'habitude d'aller ainsi chercher sa récompense, posez son écuelle dans la boîte pour que le chat y prenne quelques repas (la nourriture joue ici le rôle du leurre et du renforcement positif). Pendant que le petit félin mange tranquillement, fermez la grille. Si tout se passe bien, soulevez la boîte et faites le tour de la maison grille fermé, le chat ayant fini de manger.

## DRESSER SON CHAT

Avant toute chose, posez-vous les questions suivantes :

○ Que voulez-vous exactement lui apprendre?
○ Quel nom ou quel ordre donner pour obtenir ce résultat?
○ À quel renforcement positif ou leurre le chat réagira-t-il?
○ Comment l'aider à comprendre ce que vous voulez?
○ Comment le récompenser après avoir obtenu un résultat?

Si vous pratiquez un dressage aussi positif que possible, vous obtiendrez facilement la coopération du chat.

# LE TERRITOIRE AUTORISÉ

Pour sa propre sécurité, le chat doit connaître les endroits qui lui sont défendus. Par exemple, il ne doit pas sauter sur le dessus de la cuisinière, évidemment dangereux. Les autres interdits porteront sur :

○ Les plans de travail de la cuisine, ainsi que l'évier et le four
    à micro-ondes
○ Le lave-vaisselle, le lave-linge et, surtout, le séchoir à linge
○ La table de la salle à manger
○ Les plantes en pot suspendues
○ Les poubelles
○ Les portes donnant sur l'extérieur

L'un des moyens les plus efficaces pour interdire l'accès à certains endroits ou objets consiste à utiliser un vaporisateur ou un pistolet à eau. Remplissez un vaporisateur et gardez-le à portée de main sur le canapé. Lorsque le chat arrivera en trottant et sautera sur l'étagère de la bibliothèque, arrosez-le en visant les reins (inutile de lui arroser la tête). Cessez dès qu'il descendra, car il s'agit d'un avertissement et non d'une punition. Il apprendra ainsi que le fait de s'aventurer dans les endroits défendus lui vaut une giclée d'eau.

*Pour que l'avertissement soit efficace, il faut prendre le chat sur le fait. Même quelques secondes plus tard, le motif de la punition lui échappera complètement. Il faut donc garder à portée de main le vaporisateur ou le pistolet à eau dès le début de l'apprentissage.*

Notez qu'avec cette technique on ne fait pas toute une histoire de l'interdit. Ne criez pas, ne vous mettez pas en colère, ne le punissez même pas : un simple jet d'eau suffit.

Lorsque le chat décide de ne pas franchir une de ces limites, il faut le complimenter. Par exemple, s'il entre dans le séjour, regarde la bibliothèque, se ramasse comme s'il allait y bondir, se reprend et se détourne, il ne faut pas manquer de le féliciter : «Très bien, Minou, bravo!» Caressez-le et offrez-lui une récompense pour lui montrer que vous l'avez vu prendre la bonne décision. Le chat se souviendra de cette réaction et la mettra à profit.

Ce type d'apprentissage des limites suffit la plupart du temps. Mais, si le chat fait partie de ceux qui évitent la cuisine pendant qu'une personne s'y tient pour laisser la trace de ses petites pattes partout sur le plan de travail dès que vous vous absentez, essayez d'utiliser un produit répulsif, par exemple le papier d'aluminium, sur lequel les chats détestent marcher. Le petit félin apprendra vite qu'il doit prendre les interdits au sérieux.

*Pour éloigner les chats des plantes en pot, le mieux est de couvrir la terre de gros cailloux ou de papier d'aluminium, et d'arroser le feuillage avec une eau légèrement vinaigrée pour l'empêcher de s'y attaquer.*

# FAIRE SES GRIFFES

Les chats ont besoin de se faire les griffes, et il faut prévoir un aménagement pour qu'ils puissent le faire. Par cette activité, le chat se débarrasse de la couche de cellules mortes superficielle qui entoure ses griffes. Il marque aussi son territoire. Un chat se fait les griffes de préférence debout, en s'étirant le plus possible. À l'extérieur, un autre chat viendrait faire la même chose et celui qui atteindrait le point le plus haut serait le gagnant! Faire ses griffes permet également au chat de s'étirer, que ce soit sur son griffoir, sur un tapis ou sur un fauteuil. Enfin, les chats se font les griffes parce que cela leur plaît!

En vue de préserver le mobilier, installez un ou deux griffoirs ou arbres à chat. Les modèles tapissés de moquette ou de sisal conviennent très bien, les plus intéressants étant agencés selon différents plans. Il faut veiller à ce que la structure soit assez haute pour que le chat puisse gratter en étirant ses pattes de devant bien au-dessus de sa tête, faute de quoi il préférera peut-être s'attaquer aux rideaux.

Rendez le griffoir plus attrayant en le parsemant d'herbe à chat. Généreusement d'abord au début de l'apprentissage, puis de temps en temps pour entretenir l'intérêt de l'animal. L'endroit où vous installez la structure a également son importance. Le chat marquant aussi son territoire en se faisant les griffes, si vous reléguez le griffoir à la cave ou derrière le canapé il considérera que cela ne vaut pas le déplacement, et le petit félin choisira un endroit plus en vue et fréquenté, souvent à l'entrée d'une pièce principale.

Si le chat a commencé à faire ses griffes sur le mobilier, vous pouvez le faire changer d'avis. D'abord, couvrez le meuble en question d'une matière dissuasive, par exemple un morceau de linoléum en plaçant les pastilles antidérapantes à l'extérieur, du papier d'aluminium ou un linge imbibé de vinaigre, voire du ruban

adhésif double face. Une fois le matériau efficace
retenu, utilisez-le plusieurs semaines tout en
poursuivant l'apprentissage du griffoir.

Si vous surprenez le chat à se faire indûment les
griffes, le vaporisateur est une dissuasion efficace
mais l'accessoire doit être à portée de main. Il est
inutile de courir pour aller le chercher puis
d'arroser le petit animal, car celui-ci ne
comprendra déjà plus pourquoi vous le punissez
ainsi. Mais si, par exemple, vous avez observé que
le chat s'étirait et se faisait les griffes juste après
son repas, préparez le vaporisateur.
Attendez que l'animal atteigne le
meuble en question et, quand il
étendra les pattes de devant, arrosez-
le! Le chat filera, et arrêtez-vous là.

Certains propriétaires de chat ont
recours à l'enlèvement chirurgical des
griffes, qui comprend l'ablation de la dernière phalange. Cette
intervention est coûteuse et douloureuse ; le chat est ainsi privé de son
principal moyen de défense et du plaisir qu'il prend à faire ses griffes.

On ne devrait opter pour cette solution qu'en tout dernier ressort,
lorsque les autres moyens utilisés n'ont donné aucun résultat. De plus,
cette intervention ne devrait jamais être pratiquée sur un animal qui va
à l'extérieur.

# OCCUPER LE CHAT

Les chats sont loin de se dépenser autant que les chiens. Des chercheurs ont même estimé que les félins passaient environ seize heures par jour à dormir! Les propriétaires de chat ne nieront pas tout le plaisir que leur petit animal semble tirer de sa sieste. Mais cette forte propension au sommeil ne dispense pas le chat d'exercice. L'activité développe ses aptitudes physiques et psychiques et, plus important encore, lui permet de dépenser un trop-plein de vitalité qui pourrait devenir gênant. Car le chat qui s'ennuie accumule une énergie qu'il exprime en labourant les tissus, en renversant les bibelots, en sautant dans la poubelle et en faisant mille autres horreurs.

Certains chats, notamment les plus jeunes, se lancent dans de grands circuits, bondissant de meuble en meuble, grimpant aux pieds de table et rebondissant sur les murs. D'autres ont besoin d'être stimulés pour rester actifs. Il faut donc payer de sa personne.

De nombreux jouets sont conçus dans cet esprit. Ceux qui se balancent sur un axe ont beaucoup de succès. Ils se composent d'une tige, généralement en plastique, prolongée par un fil de Nylon au bout duquel est fixé un jouet (plume, objet de fourrure, etc.).

On attire l'attention du chat en traînant le jouet sur le sol et, quand il bondit dessus, une pichenette donnée à la tige envoie le jouet dans une direction imprévisible. Il faut laisser le chat gagner de temps en temps, faute de quoi il se lassera du jeu. En attendant, courir, sauter, se tapir et bondir constitue un excellent exercice pour le félin.

Un autre jeu très efficace consiste à promener en tous sens une lampe de poche projetant une tache de lumière. La plupart des chats poursuivront longtemps le rayon lumineux. Si vous utilisez un dispositif à faisceau laser, veillez à n'utiliser qu'un dispositif conçu pour les chats, car tout autre type de faisceau laser pourrait endommager la vue de l'animal.

Le jeu de cache-cache plaît beaucoup aux chats. Il suffit de faire mine de poursuivre l'animal jusqu'à ce que celui-ci commence à s'enfuir et à se cacher. Poursuivez-le ainsi dans toute la maison. Bien souvent, le chat demande à prolonger le jeu.

## RIEN NE REMPLACE LA RELATION

Laissez au chat un jouet tel qu'une balle ou une souris de fourrure pour qu'il puisse se distraire à sa guise. Mais il faut trouver le temps de jouer avec lui au moins une fois par jour, c'est un moment qu'il attend avec impatience ; certains vont jusqu'à apporter un jouet à leur maître ou à leur maîtresse ! Surtout dans le cas d'un animal d'intérieur, veillez à ce que le chat prenne de l'exercice quotidiennement pour conserver sa sveltesse et sa forme. Ces récréations ne sont pas seulement excellentes pour la santé de l'animal, elles permettent aussi de resserrer les liens qui l'unissent à son maître.

# JOUER À DEUX

De nombreuses activités permettent de jouer avec son chat ; il ne faut qu'un peu d'imagination pour découvrir les jeux qui sont amusants à deux.

## LA BALLE PRISONNIÈRE

En principe, il s'agit d'un type de jouet avec lequel le chat peut s'amuser seul. Il se compose d'un petit circuit partiellement fermé dans lequel une balle est emprisonnée ; des ouvertures permettent au chat de passer la patte et de faire rouler la balle. Vous pouvez jouer avec l'animal en poussant la balle du doigt pour qu'il la renvoie de la patte. Ce sera à qui fera rouler la balle le plus vite. Attention : la patte du chat sera probablement plus rapide que le doigt !

## LE JEU DE LA BOUTEILLE

Pour confectionner ce jeu très amusant, prenez une bouteille de lait ou d'eau minérale vide et pratiquez des ouvertures dedans : le chat doit pouvoir y passer la patte, mais non la tête. Puis introduisez dans la bouteille une balle de ping-pong ou un jouet parfumé à l'herbe à chat. Commencez la partie en montrant le fonctionnement du jouet à l'animal. Celui-ci l'agite en tous sens pour faire sortir la balle et, dès qu'il a réussi, remettez-la dans la bouteille.

## LE CHÂTEAU DE CARTON

Les chats adorent séjourner dans les cartons. En placer un dans chaque pièce sera déjà un grand

plaisir, mais vous pouvez enrichir le jeu en pratiquant une ou deux ouvertures sur les côtés d'une boîte que vous retournez en plaçant le côté fermé au-dessus. Invitez le chat à s'introduire dans le carton, puis taquinez-le par une des fenêtres avec une plume ou un jouet. Qui sera le plus rapide : le chat qui doit attraper la plume ou celui qui doit l'en empêcher ? Il faut veiller à laisser le petit félin gagner de temps en temps, sinon il s'ennuiera vite.

## LE JOUET DISPARU

N'importe quel jouet deviendra beaucoup plus intéressant s'il apparaît et disparaît. Étendez une serviette sur le sol, puis introduisez un jouet dessous. La disparition de l'objet et le mouvement qui agite la serviette feront certainement bondir le chat d'excitation.

### LE JEU, UNE ÉCOLE DE LA VIE

Jouer régulièrement avec votre chat vous permettra de renforcer vos liens tout en continuant son éducation. Grâce à vos petites séances, votre chat apprendra à vous obéir, la récompense étant son jouet! Toutefois, vous devrez vous montrer attentif : si vous encouragez certaines attitudes pendant le jeu (courses-poursuites, «attaques» de vos mollets, petits coups de griffes pour essayer d'attraper un objet), ne vous étonnez pas si elles perdurent en dehors du jeu. Vous devrez alors rester cohérent, et les interdire définitivement si elles ne vous conviennent pas ou les autoriser tout le temps.

# UN ENVIRONNEMENT RICHE

Offrir un environnement riche à un chat signifie simplement le faire vivre dans une maison plus intéressante pour lui, car vous ne pouvez lui consacrer l'essentiel de votre temps. Aménager son environnement peut donc lui faire passer des heures plus agréables lorsque vous n'êtes pas disponible.

## ARBRE À CHAT

Il a été question de l'arbre à chat à propos des griffes. Mais ce type de structure est bien plus qu'un endroit où se faire les griffes. On trouve des modèles munis de tunnels et d'étagères, d'un ou deux jouets que le chat peut dénicher dans une cavité, d'une plume suspendue à un fil, le tout parsemé d'herbe à chat.

## OBSERVATOIRE DE FENÊTRE

Observer par la fenêtre est un peu l'équivalent de regarder la télévision pour un chat. Vous pouvez installer sous l'appui de fenêtre une planche donnant sur la rue ou le jardin, recouverte d'un morceau de moquette pour que le chat puisse sauter dessus facilement. Assurez-vous au préalable que la fenêtre et les volets présentent toute la sécurité nécessaire. Le mieux est d'aménager deux observatoires, un pour la lumière du matin et l'autre pour l'après-midi. Le chat saura vite où s'installer pour prendre un bain de soleil.

*Les chats aiment dominer la situation et occuper un bon poste de surveillance. Un arbre à chat doté de plusieurs niveaux et des observatoires de fenêtre donneront satisfaction au petit félin qui, ce faisant, se tiendra à l'écart des étagères.*

## DES GRAINES POUR LES OISEAUX

Un distributeur de graines pour les oiseaux installé dehors présente
deux avantages : nourrir les oiseaux et distraire le chat. Celui-ci, qui doit
être un animal strictement d'intérieur pour la sauvegarde des volatiles,
pourra regarder les oiseaux se nourrir et évoluer en toute sécurité.

## SOUS LA TENTE

Vous pouvez jeter une vieille couverture sur un guéridon ou tirer la
nappe d'un côté jusqu'au sol : le chat profitera de sa «tente» sans
attendre. Dans leur milieu naturel, les félins se dissimulent pour guetter
leur proie, puis bondissent au dernier moment. Se cacher sous la tente
est pour le chat comme la survivance d'un comportement de chasse.
Il courra «tuer» ses jouets et retournera se tapir.

## CHANGER LES JOUETS

Le chat se lasse même des jouets les plus amusants. En les rangeant
et en les prélevant au fur et à mesure, vous renouvellerez le plaisir
de l'animal et lui éviterez de s'ennuyer.

Avec un peu d'inventivité, vous trouverez largement de quoi distraire
votre chat. Un gobelet de carton dont le fond a été frotté de pâtée
occupera l'animal un long moment. Une balle de tennis garnie d'herbe
à chat offrira des scènes hilarantes! Un simple sac en papier aura
beaucoup de succès. Il faut laisser libre cours à son imagination (en
veillant toujours à sa sécurité), pour le plus grand plaisir du chat.

# LES TOURS DU CHAT

Les chats ne sont pas assez malins pour apprendre des tours? Le fait qu'ils aient réussi à nous en convaincre est pourtant la marque de leur intelligence! En matière d'apprentissage, seule la motivation compte. Grâce à la méthode du renforcement positif, le chat coopérera sans grande difficulté. L'art est d'offrir les bonnes récompenses et d'écourter les séances d'apprentissage. Nous l'avons vu, les chats se lassent vite : ne répétez pas le même tour plus de trois ou quatre fois de suite, puis revenez-y plus tard.

## LE BEAU

Asseyez-vous par terre avec le chat ou invitez-le à s'installer sur une chaise ou sur une table. Laissez-le regarder tandis que vous manipulez les récompenses. Au bout d'un moment, il y a de grandes chances pour qu'il s'asseye. Sinon, faites passer une récompense au-dessus de sa tête puis derrière : il s'assiéra en suivant l'objet des yeux. (Vous pouvez dire à ce moment : «Minou, assis!» Ce sera déjà un résultat que d'apprendre au chat à s'asseoir.)

Laissez alors le chat voir et flairer la récompense, avant de l'élever au-dessus de sa tête et de dire : «Minou, le beau!» Au moment où le chat commence à se dresser, félicitez-le et offrez-lui la récompense. Le chat pourra apprendre progressivement à se dresser plus haut ou plus longtemps.

## LA PATTE

Présentez la récompense au chat en la tenant hors de portée. Lorsque le chat tend la patte pour l'attraper, dites «Minou, la patte!» et félicitez-le. Dès que le chat apprend à bien tendre la patte, vous pouvez compliquer le tour en déplaçant la récompense de la main. Par exemple, si vous voulez que le chat tende haut la patte, élevez la main.

## EN ROND

Présentez la récompense au chat et laissez-le la flairer. Puis dites-lui «Minou, en rond!» et dirigez-le en décrivant un cercle, la récompense à la main. Dès que le chat apprend à tourner en rond, accélérez le mouvement ou décrivez plusieurs cercles de suite.

Il peut paraître étrange d'apprendre des tours à un chat. Ce sont les chiens qui font des numéros, non? Eh bien, vous serez surpris de voir avec quel entrain le chat se livre à ces exercices. Il aura le plaisir de la récompense, de l'activité physique et mentale mais, par-dessus tout, de l'attention que vous lui accordez.

# LA TOILETTE DES CHATS

Les chats ne badinent pas avec la propreté : ils peuvent passer des heures à faire leur toilette. Si vous avez été léché par un chat, vous savez à quel point cette petite langue râpeuse est différente de la nôtre. Elle comporte des milliers d'aspérités minuscules, les papilles, qui permettent à l'animal de se nettoyer en frottant sa fourrure. C'est ainsi qu'il enlève les poils morts, les cellules mortes de sa peau, la poussière et les parasites qui pourraient l'infester. Le chat se lèche aussi les pattes et la poitrine pour se débarrasser des débris de nourriture. Si quelque chose lui résiste, il tente de l'arracher.

Grâce à la souplesse de sa colonne vertébrale, le chat atteint pratiquement toutes les parties de son corps au cours de sa toilette. Si vous tentiez de reproduire les positions qu'il adopte tout naturellement

pour se nettoyer, vous n'y parviendriez pas même en étant contorsionniste. C'est cette extrême flexibilité qui permet au chat de se lécher de fond en comble et d'entretenir son si beau pelage.

Le chat parvient à nettoyer même les parties de son corps qu'il ne peut atteindre avec sa langue. En se léchant une patte de devant, il l'humidifie légèrement puis se la passe sur la tête, derrière les oreilles et jusqu'à l'arrière de la tête. Il ramène sa patte, la lèche pour la nettoyer et recommence jusqu'à ce qu'il soit satisfait du résultat.

### LA TOILETTE PEUT ÊTRE DANGEREUSE

Le fait que le chat se serve de sa langue (et parfois de ses dents) pour faire sa toilette peut le mettre en danger si sa fourrure ou ses pattes portent une substance toxique. Des chats sont morts en se léchant après avoir marché, par exemple, dans de l'antigel répandu au sol. Bien d'autres substances telles que peintures, solvants, engrais, insecticides, herbicides, produits d'entretien divers peuvent tuer le chat qui est entré en contact avec elles. Utilisez ce type de produits avec précaution. En cas de doute, baignez immédiatement l'animal pour le débarrasser de la substance dangereuse, sans oublier de lui nettoyer les pattes. Puis appelez le vétérinaire au cas où une consultation s'imposerait.

# Le toilettage

## Qu'est-ce qu'une boule de poils ?

Lorsque le chat fait sa toilette, il avale les poils morts. Il paraîtrait plus sage que ces poils soient recrachés, mais ce n'est pas le cas. Au contraire, ils passent par le système digestif et, si tout se passe bien, sont éliminés par les fèces. Mais, si l'animal perd une grande quantité de poils, ceux-ci peuvent former une boule dans l'estomac. Une petite boule sera digérée normalement, mais une boule volumineuse risque de provoquer une occlusion intestinale nécessitant des soins vétérinaires, voire une intervention chirurgicale. En fait, la plupart du temps, les boules de poils sont régurgitées. Si vous observez une petite flaque jaunâtre et mousseuse avec une touffe au milieu, c'est une boule de poils.

## Le peigne et la brosse

Le fait de peigner et de brosser un chat peut prévenir la formation de boules de poils en diminuant le nombre de poils morts avalés par l'animal. Vous évitez par la même occasion d'en trouver sur le canapé, la moquette et les vêtements. Le brossage permet également au chat de garder une peau et une fourrure saines. Même si ces félins sont d'une grande propreté, ils ne peuvent seuls se donner tous les soins qui conviennent. Le toilettage est enfin l'occasion de vérifier l'état de santé de son chat.

Les modèles de brosses et de peignes nécessaires dépendent du type de pelage de l'animal. Pour un chat à poil court, vous aurez besoin d'une brosse à carder pour le corps et d'une brosse douce pour la face et les pattes. En cas de puces, un peigne à puce peut être utile. Pendant la mue, une brosse-étrille est très efficace pour éliminer le poil mort. Pour un

*Passez le peigne autour de la face et des oreilles du chat ; une brosse pourrait blesser ses yeux, sa truffe et ses oreilles sensibles.*

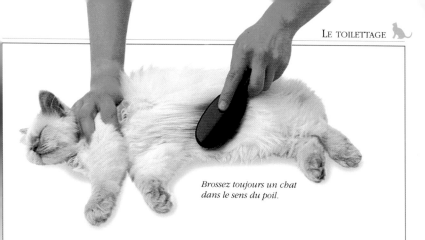

*Brossez toujours un chat dans le sens du poil.*

chat à poil long, il faudra un peigne à dents plus longues permettant de passer à travers le pelage le plus fourni, et une brosse métallique. Selon l'épaisseur de la fourrure, une carde et une brosse douce pourront être également utiles.

*Peigne*

*Brosse métallique*

Si la fourrure du chat bouloche, vous parviendrez peut-être à la démêler patiemment à la main, puis à éliminer les nœuds au peigne. Il faut tenir les poils entre la bouloche et la peau pour ne pas tirer sur la touffe en la peignant. Vous pouvez aussi raccourcir les touffes emmêlées avec des ciseaux à bouts ronds. Là aussi, tenez les poils pour ne pas risquer de blesser le chat.

Ces soins doivent être administrés le plus régulièrement possible. Brossez un chat à poil long tous les jours, un chat à poil court au moins une fois par semaine. En commençant dès le plus jeune âge du chat, le toilettage fera partie de ses distractions. Les petits félins aiment mener une vie réglée et ils attendront ce moment avec impatience.

En peignant et en brossant le chat, n'oubliez pas qu'il s'agit d'un tout petit animal, mais fort bien armé. Agissez donc avec douceur et avec des gestes posés, pour que ces soins restent un moment agréable. Si le chat couche les oreilles, grogne ou siffle, montre les crocs ou donne des coups de patte griffes sorties, c'est que vous avez commis une erreur. Soit le chat a eu mal, soit vous avez manqué de tact. Quoi qu'il en soit, n'en voulez pas à l'animal, qui n'a pas d'autre moyen de communication. Au contraire, ralentissez vos gestes ou faites une pause.

# L'EXAMEN MANUEL

Après avoir peigné et brossé le chat, massez-lui tout le corps
délicatement du bout des doigts. Commencez par le dessus de la tête,
le tour des oreilles et le cou. Puis passez aux épaules, à la cage
thoracique et à la poitrine. Continuez par les pattes de devant, en les
frottant tout doucement avec des gestes lents. En remontant, massez
le dos, le bassin et l'abdomen, puis les pattes de derrière et même
la queue.

Ce massage détendra l'animal, et vous aurez ainsi l'occasion de le
palper, ce qui est important pour détecter toute anomalie à signaler au
vétérinaire. Par exemple, si vous observez une grosseur au niveau de la
cage thoracique, indiquez au vétérinaire qu'elle n'était pas présente le
vendredi soir mais que vous l'avez sentie en massant le chat le samedi.
Signalez également tout ce qui semble douloureux à l'animal, ce qui
est chaud ou apparaît sous les doigts, ainsi que tout détail qui pourrait
aider à poser un diagnostic.

Ne massez un chat que si celui-ci est déjà détendu, et ne le forcez pas
s'il est en train de jouer, car vous courrez à l'échec. Mais, si l'animal est
lové à proximité ou endormi sur les genoux, caressez-le gentiment.
Lorsque le chat ronronne, commencez très doucement le massage.

Il est des chats qui protesteront à ce contact sur certaines parties
de leur corps. S'il s'agit par exemple des pattes, vous pouvez le
désensibiliser. Pendant le massage, il faut toucher doucement et
rapidement une patte, puis lui frotter la tête. Plus tard, touchez encore
une fois la patte et récompensez le chat par un massage là où il aime
être gratté (pour la plupart des chats, ce sera derrière les oreilles et
sous le menton, deux endroits difficiles à atteindre lors de la toilette).
Poursuivez cette désensibilisation de la partie difficile en procédant
sans hâte.

## LES YEUX, LES OREILLES ET LES GRIFFES

Pendant le massage, regardez les yeux. Ils doivent être brillants et
propres. La présence de sécrétions au coin de l'œil au réveil est
normal, mais un œil encombré en permanence ou d'où s'écoule
un liquide transparent doit être signalé au vétérinaire.

*Ne versez jamais le nettoyant pour oreilles directement dans le conduit auditif.*

Examinez également l'intérieur des oreilles. Elles doivent être propres, dégager une odeur qui ne doit pas être désagréable. Si elles sentent fort, ce peut être un signe d'infection. Si l'oreille est seulement un peu sale, nettoyez-la doucement avec un Coton-Tige, éventuellement trempé dans un peu d'eau tiède ou de nettoyant pour les oreilles. Si le pavillon paraît très sale avec beaucoup de cérumen brunâtre, le chat peut être infesté par des mites auriculaires. Dans ce cas, ne cherchez pas à nettoyer les oreilles et consultez sans tarder le vétérinaire. Il diagnostiquera l'écoulement et proposera un traitement.

*Dégagez la griffe en appuyant doucement sur un coussinet.*

Il faut enfin vérifier les griffes et éventuellement en couper le bout acéré de façon régulière. Pour donner ce soin, ne faites sortir qu'une griffe à la fois en appuyant sur chaque coussinet entre le pouce et l'index. Si les griffes sont blanches, vous verrez par transparence la couleur rose des vaisseaux qui les irriguent. À l'aide d'un coupe-griffes, coupez simplement l'extrémité de la griffe en veillant à ne pas atteindre le vaisseau sanguin. Quant aux griffes noires, taillez-les à l'endroit où elles commencent à se recourber. Si le chat se rebiffe, ne faites qu'une patte par jour puis offrez-lui une récompense en lui disant qu'il est un bon chat.

*Coupez les griffes d'un geste rapide et sûr.*

# LES CINQ SENS

Les chats sont des animaux singuliers.
Ils voient dans l'obscurité, entendent
une souris trotter et accomplissent
d'impressionnantes contorsions. Il n'est pas
étonnant que les Aztèques et les Égyptiens
les aient vénérés.

## UNE VISION PERÇANTE

Les chats ont une vision très développée, et
ce sens joue chez eux un rôle majeur. Les
humains voient beaucoup mieux que les
chats les objets inertes ; au contraire, les
chats perçoivent bien plus nettement que
nous les objets en mouvement, ce qui se
comprend de la part d'un prédateur. Les
petits félins ont également une meilleure
vision périphérique que la nôtre. Si les
couleurs n'ont pas d'importance pour les
chats, ils ne les perçoivent pas moins, même
s'ils distinguent mal les nuances de vert et
de jaune.

L'aptitude la plus remarquable de ces félidés
est la vision nocturne. Leurs yeux ont des
pupilles qui s'ouvrent toutes grandes,
laissant pénétrer le maximum de lumière.
Une couche de cellules réfléchissantes
située derrière la rétine renvoie les rayons
lumineux sur cette dernière, qui traite ainsi
toutes les informations contenues dans les
images. Le chat ne voit pas dans l'obscurité
totale, mais il lui suffit de très peu de
lumière pour se repérer.

## UNE OUÏE FINE

Bien que la vision soit son premier sens,
l'ouïe du chat n'en est pas moins
remarquable. En orientant ses oreilles
indépendamment l'une de l'autre jusqu'à

### L'ÉQUILIBRE ET L'OREILLE INTERNE

Les oreilles servent à
entendre mais aussi à
l'équilibre. Bien que de
nombreux propriétaires
de chats pensent que
c'est la longue queue du
félin qui lui permet de
garder sa stabilité, on
observe que les chats à la
queue courte ou coupée
présentent la même
aptitude. C'est en fait
grâce au vestibule, un
organe de l'oreille
interne, que le chat
enregistre instantanément
toute modification de
vitesse ou d'orientation.
Cette disposition
naturelle, relayée par
d'excellents réflexes,
permet au chat de réaliser
ces performances qui
nous coupent le souffle.

presque 180 degrés, le chat détermine avec ses pavillons l'origine des sons. Un chat à l'écoute semble balayer la pièce avec deux petits radars. Et il entend presque deux octaves au-dessus de ce que perçoit l'oreille humaine, ce qui est même supérieur à l'ouïe du chien.

## OUI, ILS PEUVENT LE FAIRE !

Il nous est déjà arrivé de regarder un chat sauter d'un meuble à un autre avec la conviction qu'il n'y arriverait pas. Mais il a réussi ! Comment les chats sont-ils capables de telles performances ? Ce sens de l'équilibre, cette élégance sont dus en partie à leur structure physiologique. N'en doutons pas, les petits félins sont de magnifiques athlètes, puissants et vifs. Mais ils ont aussi un sixième sens qui les guide. Au moment où le chat saute sur le dessus du réfrigérateur, il ne pense pas à ce qu'il fait. Il ne se demande pas : «Est-ce que je vais y arriver?» Il le fait. Et il sait qu'il peut le faire.

Comment une telle confiance en soi est-elle possible ? D'abord parce que le chat… est un chat ! Mais aussi parce que le chaton joue depuis qu'il est sur ses pattes : il court, bondit, virevolte, saute et démarre en trombe. C'est un jeu, bien sûr, mais c'est aussi une forme d'apprentissage. En jouant, le chat prend conscience de ce qu'il peut faire et ne pas faire. Encore pataud, le chaton s'emmêle les pattes et fait la culbute. Puis, quand il faut réellement se lancer, il sait exactement comment faire.

# LES VACCINS

Le chat ou le chaton nouveau venu doit faire dès que possible la connaissance de son vétérinaire. Lors de cette première visite, le médecin examinera l'animal et établira son bilan de santé. Il repérera toute atteinte évidente, maladie ou anomalie génétique, qu'il s'agisse de mites auriculaires ou de cataracte oculaire.

Le vétérinaire doit également savoir si le chat a été vacciné, et contre quoi, pour programmer un calendrier de vaccinations. Voici les principaux vaccins que tous les chats devraient recevoir :

○ **Panleucopénie**

○ **Rhinotrachéite**

○ **Calicivirose**

○ **Rage**

Le vétérinaire peut également recommander d'autres vaccinations pour les chats qui vivent dans des milieux où ils risquent d'être exposés à d'autres maladies comme la leucémie, la péritonite infectieuse ou la chlamydiose.

## LE BILAN ANNUEL

Un chat en bonne santé n'en doit pas moins voir son vétérinaire une fois par an. C'est l'occasion de faire un examen complet de l'animal et de mettre en évidence les problèmes médicaux qui pourraient se poser. Les chats sont très résistants et ne présentent guère de symptômes avant d'être très

**LES RAPPELS**
Il existe un débat sur la question des rappels de vaccination. Le rappel annuel jusqu'ici préconisé est controversé dans le milieu vétérinaire. Des recherches récentes tendraient à montrer que le chat n'en tire pas tout le bénéfice escompté. Mais il s'agit là d'un domaine dans lequel nous avons encore beaucoup à apprendre. Toujours est-il que certaines écoles recommandent un rappel tous les trois ans.

Parlez-en à votre vétérinaire qui établira un calendrier de vaccinations et de rappels. N'hésitez pas à l'interroger sur telle ou telle maladie contre laquelle il existe un vaccin. Mieux vous serez informé, plus le chat sera assuré de bénéficier de bons soins de santé.

atteints. Ce bilan annuel permet donc de dépister au plus tôt les affections éventuelles.

Le vétérinaire examinera les oreilles de l'animal à la recherche d'une infection ou de mites auriculaires. Il regardera les dents pour voir si elles sont entartrées et si aucune n'est cassée.

Pendant cet examen, n'hésitez pas à lui poser toutes les questions concernant votre animal de compagnie. Que faut-il faire contre les puces? Il existe de nombreux produits de lutte contre ces parasites : lequel choisir? Comment se transmet le virus d'immunodéficience féline? Existe-t-il un traitement? Le vétérinaire est là pour répondre à toutes ces questions et à bien d'autres encore.

# SIGNES DE SANTÉ

- ○ **Comportement :** joueur, vigilant, actif.
- ○ **Activité :** correspondant à l'âge de l'animal ; reste joueur.
- ○ **Yeux :** brillants, sans écoulement ni opacité.
- ○ **Oreilles :** propres, dégageant une odeur neutre.
- ○ **Truffe :** humide, un peu fraîche ; un léger écoulement transparent est normal.
- ○ **Respiration :** l'haleine doit être fraîche, le souffle régulier.
- ○ **Toilette :** régulière et complète.
- ○ **Dents et gencives :** dents propres, peu ou pas entartrées ; gencives roses et adhérant bien aux dents ; bon appétit.
- ○ **Peau :** propre et claire.
- ○ **Pelage :** propre, lustré et sain ; une perte de poils est normale, selon la saison.
- ○ **Miction :** sans effort ; urine claire.
- ○ **Défécation :** sans effort ; matières fécales solides et bien formées.

*Un chaton doit prendre du poids
régulièrement au cours de sa croissance.*

# Signes de maladie

- ○ **Comportement :** changement de comportement ; somnolence excessive ; manque d'attention.
- ○ **Activité :** hyperactivité ; manque d'énergie ; incapacité à se contrôler ; incapacité ou absence d'envie de faire ce qui fait d'habitude plaisir.
- ○ **Yeux :** écoulement, sécrétions, encroûtement, opacité.
- ○ **Oreilles :** cérumen sombre, écoulement, odeur forte.
- ○ **Truffe :** sèche et gercée, chaude ; écoulement muqueux ; écoulement vert, brun ou plus foncé.
- ○ **Respiration :** lourde ; haletante, sifflante ; souffle court ; bruit muqueux dans les poumons ; toux, éternuements.
- ○ **Toilette :** absence de toilette ; apparence hirsute.
- ○ **Dents et gencives :** présence de tartre ; saignement des gencives ; gencives enflammées, rouges ; mauvaise haleine ; perte d'appétit.
- ○ **Peau :** rougeurs, éruptions ; desquamation, démangeaisons ; plaques, irritations.
- ○ **Pelage :** perte de poils excessive ; pelage terne ; plaques dénudées.
- ○ **Miction :** tout écart par rapport à la normale ; effort ; mictions fréquentes ; urine trouble ou marquée de sang.
- ○ **Défécation :** tout écart par rapport à la normale ; effort ; selles molles ; selles sanguinolentes ; diarrhée.

*Un effort manifeste ou des séjours fréquents dans la caisse sont les signes d'un trouble.*

# QUAND CONSULTER LE VÉTÉRINAIRE ?

Prenez rendez-vous avec le vétérinaire dans les cas suivants :
- **Signes de maladie :** le chat présente un des signes de maladie figurant sur la liste de la page 53.
- **Blessures :** le chat s'est blessé et boite encore une heure après l'accident.
- **Enflure :** le chat présente une enflure inexplicable.

Piqûre ou morsure : le chat a été piqué par un insecte ou mordu par un autre animal.

Emmenez d'urgence le chat chez le vétérinaire (en prévenant par téléphone) dans les cas suivants :
- **Détresse respiratoire :** le chat manifeste des difficultés à respirer ou étouffe.
- **Saignement, hémorragie :** le chat blessé saigne.
- **Piqûre, morsure :** piqué par un insecte ou mordu par un autre animal, le chat est enflé ou paraît en état de choc.
- **Empoisonnement, intoxication :** le chat est entré en contact avec un produit toxique ou a absorbé un produit toxique.
- **Brûlure :** le chat s'est brûlé à la chaleur ou au contact d'un produit corrosif.
- **Électrocution :** après une électrocution, même si le chat semble se conduire normalement.

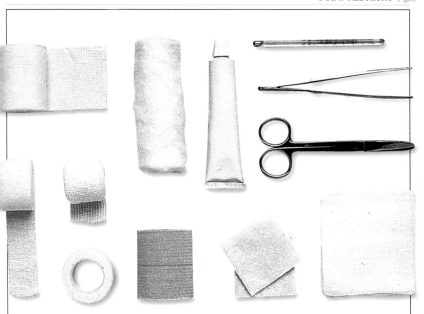

## LA TROUSSE D'URGENCE

Ayez toujours à portée de main les articles suivants pour apporter les premiers soins au chat. Veillez à vérifier régulièrement le contenu de cette trousse afin d'en remplacer les éléments manquants.

○ Bandes ou rouleaux de gaze de différentes largeurs
○ Compresses de différentes tailles
○ Rouleaux de bande adhésive
○ Bracelets élastiques pour maintenir les pansements
○ Tampons antiseptiques
○ Pommade antibiotique

○ Eau oxygénée
○ Sérum physiologique
○ Ciseaux à bouts ronds
○ Pince à épiler
○ Rasoirs jetables
○ Coupe-griffes
○ Peigne et brosse
○ Harnais et laisse supplémentaires

# SOINS D'URGENCE

Si le chat se blesse ou tombe malade, la rapidité avec laquelle vous administrez les soins d'urgence peut lui sauver la vie.

## RÉANIMATION

La réanimation cardio-pulmonaire doit être entreprise immédiatement pour être efficace.

❍ Si le chat ne respire plus, couchez-le sur le côté, ouvrez-lui la bouche et tirez sa langue sur un côté. Assurez-vous que les voies respiratoires ne sont pas obstruées.

❍ Si rien n'obstrue la bouche ni les voies respiratoires, fermez le museau du chat et entourez-le complètement de la main. Soufflez *doucement* dans le nez du chat et observez la reprise de la respiration. Répétez douze fois par minute.

❍ En l'absence de pouls, placez trois doigts sur le cœur (à peu près au niveau de la cinquième côte), appuyez doucement mais fermement puis relâchez. Les côtes doivent s'abaisser de deux ou trois centimètres. Répétez cinq fois. (Si le chat a un pouls mais ne respire pas, pratiquez seulement la réanimation respiratoire.)

❍ Insufflez douze fois, puis massez le cœur cinq fois et répétez ces gestes jusqu'à ce que le chat respire normalement.

## FRACTURE

Une fracture peut être très douloureuse. Dans la mesure du possible, ne déplacez pas le chat avant d'avoir confectionné une attelle.

❍ Utilisez une règle, un gros crayon ou un bâtonnet. L'attelle doit être en principe plus longue que la patte fracturée.

❍ Enveloppez l'attelle d'une bande. Ne cherchez pas à étendre le membre, le vétérinaire s'en chargera.

❍ Veillez à ce que le bandage n'entrave pas la circulation.

❍ Conduisez le chat chez le vétérinaire dès que possible.

## SAIGNEMENT

Un saignement ou une hémorragie peuvent être fatals.

❍ Si la blessure saigne peu, comprimez-la au moyen d'une compresse jusqu'au moment de vous rendre chez le vétérinaire.

❍ Si la blessure saigne en continu, comprimez-la au moyen d'une serviette ou d'un paquet de compresses et traitez-la comme un cas d'urgence. Rendez-vous chez le vétérinaire sans attendre.

❍ Si le sang jaillit de la blessure, une veine a probablement été atteinte et le chat risque la mort. Faites un garrot avec un lacet ou une compresse au-dessus de la blessure (entre la blessure et le cœur). Serrez le garrot et faites tourner ses extrémités à l'aide d'un crayon ou d'un bâtonnet jusqu'à ce que l'hémorragie ralentisse. Rendez-vous immédiatement chez le vétérinaire. Si le temps de transport dépasse dix minutes, desserrez le garrot toutes les dix minutes pour laisser le sang circuler dans le membre.

Vous devez être conscient qu'un garrot comporte un risque, parce qu'il coupe la circulation dans le membre atteint. Ne l'utilisez que si la compression directe de la blessure est inopérante et que l'hémorragie met la vie du chat en danger.

## CONTENTION

S'il est effrayé et blessé, même le moins sauvage des chats peut être agressif. La meilleure méthode pour immobiliser l'animal consiste à l'introduire dans une taie d'oreiller en ne laissant dépasser que la tête. Si vous devez traiter une partie de son corps, enveloppez le chat dans une serviette de bain en lui bandant les yeux et en laissant la partie atteinte découverte. Ce procédé permettra d'apporter les soins d'urgence. En couvrant les yeux du chat, assurez-vous le plus souvent possible qu'il respire librement!

## LE TRANSPORT

Glissez sous le chat blessé une surface plane et rigide (planche, planche à découper, plateau) en le bougeant le moins possible, puis installez-le ainsi dans la voiture. Veillez à ce que le transport n'aggrave pas son état.

# BESOIN DE TENDRESSE

Les gens qui ne possèdent pas de chat semblent croire que ces petits félins sont des êtres distants. Mais ceux qui les connaissent savent qu'il n'en est rien : ils sont au contraire on ne peut plus affectueux, et se reposent beaucoup sur leur maître ou leur maîtresse. Ce qui ne signifie pas que les chats soient comme les chiens. Certes, ils aiment leur indépendance. Un chat ne vous poussera pas du museau avant de laisser tomber une balle sur vos genoux puis de frétiller jusqu'à ce que vous l'ayez lancée. Mais, ce n'est pas pour autant qu'ils n'adorent pas jouer. Au contraire, ils sont capables de vraies courses poursuite dans la maison ou l'appartement. Pour donner leur affection, les chats sont plus subtils. Ils veulent de la tendresse et ils en veulent beaucoup, mais selon leurs règles. Si votre chat s'assoie sur le seuil de la porte, par exemple, vous regarde jusqu'à ce que vous vous avisiez de sa présence, puis pousse un miaulement et se frotte sur quelque chose, même contre le mur, c'est qu'il a besoin d'affection. Si vous l'appelez, il s'avancera certainement et se mettra à la portée de votre main pour que vous le caressiez. Et il y a des chances pour que cela se termine sur vos genoux ou sur vos épaules!

Même s'ils ne veulent pas l'admettre, les chats ont besoin de notre affection et de nos soins. Ils sont domestiqués : nous sommes là pour nous occuper de leur santé, les faire vacciner, les empêcher de tomber malades ou de se blesser. Ils ont besoin que nous les protégions du

monde extérieur, de la nature comme de la civilisation. Et nous aussi, nous avons besoin de leur présence. Les chats ont un sixième sens qui leur dit si nous sommes tristes ou malades, si nous nous sentons seul. Ils seront alors plus câlins que jamais. Les chats se sentent en sécurité chez nous, avec nous, nous les aimons et les cajolons, et ils nous le rendent bien. Les personnes qui vivent avec un chat vous le diront toutes : la présence de cet animal au quotidien est un vrai antidépresseur !

# EN SAVOIR PLUS

## LIVRES

*101 Questions sur votre chat,*
Sylvie Lussier, Éd. Michel Quintin

*Absolument tout sur le chat,* Steve
Duno, First

*Animaux copains : Chat,*
Collectif, Nathan

*Avoir un chat,* Jean Cuvelier,
Milan

*Avoir un chat en appartement,*
Katrin Behrend, Hachette

*Bien vivre avec son chat,* Michèle
Fermé-Fradin, De Vecchi

*Chats,* Flammarion

*Comment élever, nourrir et
soigner son chat,* Camille Olivier,
De Vecchi

*Encyclopédie du chat,* Airelles
Royal Canin

*L'éducation du chat,* Dr Joël
Dehasse, Jour

*L'Univers du chat,* Stephano
Salviati, Solar

*Larousse du chat,* Larousse

*Le Web des animaux,* Michel
Pepin, Éd. Logiques

*Les chats,* Prestige , David Taylor,
Solar

*Les chats,* Guide Vert, Christiane
Sacase, Solar

*Les chats,* L'éventail, Play Bac

*Les chats en 1 000 photos,*
Philippe Coppé, Solar

*Nom d'un chat,* Michel Pepin,
Éd. Michel Quintin

*Vous et votre chat de gouttière,*
Annie Mamzer, Éd. de l'Homme

## SITES INTERNET

www.animalhebdo.com
Le magazine animal

www.santeanimale.ca
Site officel de la profession
vétérinaire au Canada

www.animorama.com
Site des animaux de compagnie

www.webfelin.com
Web félin

www.aniwa.com
La vraie nature des animaux

www.animostar.com
Le web des animaux

www.hoo.qc.ca
Chats et chiens

## MAGAZINES

Magazine Animal

Poils et compagnie

Atout chat

Côté chat

Le chat magazine

30 millions d'amis

## À PROPOS DE L'ÉDITEUR

Fondées au Québec en 1982, les Éditions
Michel Quintin occupent une place
prépondérante dans la publication d'ouvrages
de vulgarisation scientifique sur les animaux, la
nature et l'environnement. Au fil des ans, des
prix prestigieux, nationaux et étrangers, sont
venus souligner le travail de l'éditeur et de son
équipe de spécialistes.

# INDEX

# ÉDITIONS MICHEL QUINTIN

Titre original de cet ouvrage
*What your cat needs*

Traduction-adaptation
Barthélemy de Lesseps

Réalisation
Bookmaker, Paris

Consultant
Isabelle Collin

Mise en pages
Jean-Claude Marguerite

Crédits photos : Jane Burton, Steve Gorton, Dave King, Tim Ridley

ISBN : 2-89435-166-6
Dépôt légal : septembre 2001

Imprimé à Hong Kong

Éditions Michel Quintin
C.P. 340, Waterloo, Québec
Canada J0E 2N0
Tél. : (450) 539-3774
Téléc. : (450) 539-4905
Courriel : mquintin@sympatico.ca